AF358241

CATALOGUE

DE

48 TABLEAUX ANCIENS

DES

ÉCOLES ALLEMANDE, FLAMANDE, FRANÇAISE

VENDUS

Par suite du décès de M. ALBERT

DE FONTAINEBLEAU

UN VIOLONCELLE, PLUSIEURS VIOLONS ET ALTOS

AUTRES

TABLEAUX ANCIENS

DE DIVERSES ÉCOLES

*Appartenant à MM. ****

HOTEL DES VENTES

RUE DROUOT, SALLE N° 2

LE MARDI 11 DÉCEMBRE 1866

A UNE HEURE ET DEMIE

Par le ministère de M° **CHARLES PILLET**, Commissaire-Priseur,
rue de Choiseul, 11,

Assisté de **M. FEBVRE**, Expert, rue Laffitte, 12,

CHEZ LESQUELS SE DISTRIBUE LE PRÉSENT CATALOGUE.

EXPOSITION PUBLIQUE

Le Lundi 10 Décembre 1866, de 1 heure à 5 heures.

PARIS — 1866

RENOU ET MAULDE

IMPRIMEURS DE LA COMPAGNIE DES COMMISSAIRES-PRISEURS

Rue de Rivoli, 144.

CATALOGUE

DE

48 TABLEAUX ANCIENS

DES

ÉCOLES ALLEMANDE, FLAMANDE, FRANÇAIS

VENDUS

Par suite du décès de M. ALBERT

DE FONTAINEBLEAU

UN VIOLONCELLE, PLUSIEURS VIOLONS ET ALTOS

AUTRES

TABLEAUX ANCIENS

DE DIVERSES ÉCOLES

Appartenant à MM. ***

HOTEL DES VENTES

RUE DROUOT, SALLE N° 2

LE MARDI 11 DÉCEMBRE 1866

A UNE HEURE ET DEMIE

Par le ministère de Mᵉ **CHARLES PILLET**, Commissaire-Priseur,
rue de Choiseul, 11,

Assisté de **M. FEBVRE**, Expert, rue Laffitte, 12,

CHEZ LESQUELS SE DISTRIBUE LE PRÉSENT CATALOGUE.

EXPOSITION PUBLIQUE

Le Lundi 10 Décembre 1866, de 1 heure à 5 heures.

PARIS — 1866

CONDITIONS DE LA VENTE

Elle sera faite au comptant.

Les Acquéreurs paieront CINQ POUR CENT, en sus du prix d'adjudication , applicables aux frais.

L'Exposition mettant les Acquéreurs à même de se rendre compte de l'état des Tableaux, il ne sera reçu aucune réclamation après l'adjudication prononcée.

TABLEAUX ANCIENS

BOUCHER (École de)

1 — Satyre, Nymphe et Amour.
>Pastel.

BREUGHEL (Pierre), dit DE VELOURS

2 — Composition avec grand nombre de petites figures.
>Représentant les Israélites entourant Jésus, qui laisse venir à lui et bénit les petits enfants.

BALEN (Van)

3 — La Vierge, Jésus et le petit saint Jean.

BOL (Attribué à Ferdinand)

4 — Portrait en buste d'un personnage hollandais.
>Cadre sculpté en bois naturel.

BRILL (Paul)

5 — La Vierge, Jésus et le petit saint Jean, dans un paysage.

CARRACHE (École de A.)

6 — La Samaritaine aux pieds de Jésus.

DOMINIQUIN (D'après)

7 — Sainte Cécile jouant de la viole.

FRANCK (Par l'un des)

8 — L'Adoration des Mages.

FRAGONARD (Genre de HONORÉ)

9 — Enfants jouant dans un paysage.

10 — Enfants jouant aux cartes.

LETHIÈRE

11 — Régulus faisant ses adieux à sa famille.

GUERCINO

12 — Le Génie de la musique.

GUIDO RENI (Genre de)

13 — La Vierge en buste, les mains jointes.

HUET (Attribué à)

14 — Le Jugement de Pâris.

KONING (Salomon de)

15 — Portrait d'un personnage hollandais.

Représenté en buste, de trois quarts à droite, tête chauve, moustache et barbiche, justaucorps noir, collerette à fraise.

LIÉVEN (Van den), dit le Chevalier Lély

16 — Portrait d'un gentilhomme hollandais.

Représenté jusqu'aux genoux, de trois quarts à droite; il porte cheveux longs, moustaches et mouche ; vêtement noir et col rabattu.

MARATTI (Carlo)

17 — L'Adoration des Bergers.

Les Bergers offrent des présents à l'Enfant Jésus; la Vierge contemple son Fils avec tendresse; près d'elle est saint Joseph debout; dans les airs planent des chérubins.
Bonne production de maître.

MAAS (Dirck)

18 — Intérieur d'écurie.

Un marchand présente des chevaux à deux gentilshommes, qui les examinent; à gauche, porte laissant voir quelques maisons.

MIGNARD (École de)

19 — Dame de l'époque de Louis XIV sous la figure de sainte Catherine.

MÊME ÉCOLE

20 — Madeleine repentante.

MIREVELT (Attribué à)

21 — Deux volets de triptyques représentant, agenouillés et dans l'attitude de la prière, des donateurs et leurs familles.

MIREVELT (Attribué à)

22 — Deux autres volets représentant deux abbesses agenouillées, adorant l'une un saint, l'autre la Vierge et Jésus.

MORALÈS, dit EL DIVINO

23 — Ecce Homo.

Le Christ la poitrine nue, la tête couronnée d'épines, les épaules couvertes d'un manteau écarlate.

Œuvre d'un beau caractère.

NETSCHER (Gaspard)

24 — Portrait d'une jeune dame hollandaise.

Représentée en buste, de trois quarts à droite, cheveux à la Ninon, au cou un collier de perles, robe noir.

LOO (Michel van)

25 — Portrait présumé de Stanislas Leczinski, roi de Pologne.

OMMEGANCK (P.-B. Signé).

26 — Mouton et Chèvre dans une prairie.

REMBRANDT (D'après Paul van Ryn)

27 — Portrait en buste de Rembrandt.

RIBERA dit l'Espagnolet (D'après)

28 — L'Adoration des Bergers.

29 — Le bon Pasteur.

D'APRÈS LE MÊME

30 — Reproduction du tableau précédent.

RUBENS

31 — La Mort d'une Sainte.

ROSA DE TIVOLI

32 — Ane chargé de ballots.

RUBENS (D'après Pierre-Paul)

33 — L'Ensevelissement du Christ.

Le grand tableau du pareil sujet figure au musée d'Anvers.

TENIERS (David le Fils)

34 — Paysans causant à la porte d'une chaumière.

TIEPOLO

35 — David, armé d'un glaive et d'une fronde, se dispose à aller combattre Goliath.

Peinture ferme et vigoureuse.

TORENT (Vliet)

36 — Médecin hollandais près du lit d'une jeune femme malade.

> Il examine le contenu d'une fiole.

TRÉMOLIÈRE

37 — Galatée sur les eaux.

VINCENT

38 — Noé faisant entrer les animaux dans l'arche.

> Dessin aux deux crayons.

ZEGHERS (École de Daniel)

39 — Saint Evêque tenant une crosse.

> Il est entouré d'une guirlande de fleurs; peinture sur albâtre.

40 — Saint Mathieu armé d'un glaive.

> Pendant du précédent.

WATTEAU (Genre de)

41 — Couple amoureux.

42 — La Déclaration.

ÉCOLE FRANÇAISE

43 — La Muse Euterpe dans les airs.

44 — Autre Muse dans les airs.

ECOLE HOLLANDAISE

45 — Petit Médaillon, portrait d'homme,
Cadre en bois sculpté.

ANCIENNE ÉCOLE FLAMANDE

46 — Jésus flagellé.

ÉCOLE ESPAGNOLE

47 — L'Annonciation.

ANCIENNE ÉCOLE D'ITALIE

48 — Sainte Catherine tenant le glaive.

ÉCOLE FRANÇAISE

49 — Buste de jeune homme. (Etude.)

50 — Autre buste.   Id.

INCONNU

51 — Paysage. (Etude faite à Fontainebleau.)

52 — Panneau en ancien laque de la Chine : Paysage avec
kiosque et personnages; or sur fond noir.

DÉSIGNATION

DES TABLEAUX

Appartenant à **MM. X.** ***

BAUER

53 — Marine; mer houleuse.

BERKHEYDEN (Gérard)

54 — Place du Marché-Neuf à Amsterdam.

> Sur la place, grande quantité de marchands et de personnages se dirigeant sur divers points; à droite, l'église Saint-Luc; à gauche, des maisons; plus loin, la promenade.

BIARD

55 — Chasse à l'ours dans les mers Glaciales.

56 — Pirogues avec personnages sur la mer Glaciale.

BLOOT (Peeters de)

57 — Une querelle au cabaret.

58 — Buveurs attablés à la porte d'une auberge.

> Ces deux tableaux sont spirituellement touchés et du bon temps du maître.

BRUGADA (Antonio de)

59 — Prélat bénissant Fernand Cortès, lors de son débarquement sur la terre du Mexique.

BREUGHEL (Jean), dit DE VELOURS

60 — Paysage avec sujet de la chute d'Icare.

CHAMPAIGNE (Philippe de)

61 — Portrait présumé de Blaise Pascal.

> En buste, presque de face; cheveux longs, rabat blanc, manteau noir.

CIGOLI (Attribué à)

62 — Polyphème et Galatée.

DAEL (Van)

63 — Fruits.

> Sur une console de marbre, une corbeille en osier contenant des pêches et du raisin; sur la console, d'autres pêches, des prunes et une grenade.
>
> Signé du monogramme, avec la date de 1808.

FRAGONARD (Honoré)

64 — Parc royal avec grand escalier orné de vases et de statues; sur plusieurs points sont des promeneurs.

FRAGONARD (École de H.)

65 — Vénus et l'Amour.

JORDAENS (Jacques)

67 — Cincinnatus.

GILLOT (Claude)

67 *bis* Acteurs de la Comédie italienne, réunis dans un parc.

HEEM (Corneille de)

68 — Des oranges, des citrons et du pain dans des plats
d'argent; un vidrecome, des verres et un vase en grès
sur une console couverte d'un tapis vert.

HILAIRE

69 — Fête en présence de dignitaires indiens.

LARGILLIÈRE (Nicolas)

70 — Dame de la cour de Louis XIV sous la figure d'une
déesse.
   Un Amour la pare de fleurs; un autre lui prédit l'avenir.

LESUEUR (Eustache)

71 — Jeune Diacre vu en buste; il tient un baiser de paix.

LINGELBACH (Jean)

72 — Chaudronnier ambulant travaillant sur une place pu-
blique de Rome.

MAAS (Attribué à Nicolas)

73 — Portrait d'une dame hollandaise, vue en buste.

MACHY (Pierre-Antoine de)

74 — Vue des anciens fossés et du Pont-Tournant des Tui-
leries.

MAYER (Mlle), élève de Prud'hon

74 *bis* Jeune Dame assise dans un jardin.

    Elle tient un crayon; près d'elle est un dessin.

MEULEN (Van der)

75 — Louis XIV et sa suite à un rendez-vous de chasse.

    Sur les hauteurs de Meudon et près du bois, le monarque à
cheval est précédé et suivi des gentilshommes de sa maison; dans
le fond, à droite, les équipages du roi; plus loin serpente la Seine.
Ciel nuageux.

MIGNARD (École de)

76 — Jésus bénissant et tenant la boule du monde.

MUSCHER (Michel Van)

77 — Portrait d'une dame de qualité assise près d'une table
couverte d'un tapis en velours cramoisi.

NETSCHER (Gaspard)

78 — Dame hollandaise dans un parc; elle tient des fleurs.

NETSCHER (Constantin)

79 — Dame richement parée assise près d'un péristyle.

OSTENDEN (Signé)

79 *bis* Port de mer hollandais.

> Un vaisseau de haut bord fait son salut d'arrivée ; sur les eaux,
> plusieurs navires, voiles déployées ; dans le fond, le port.

PALAMÈDES

81 — Deux Batailles : Chocs de cavalerie.

PŒLENBOURG (CORNEILLE)

82 — Vénus et l'Amour.

RAOUX (École de)

83 — Jeune Femme jouant de la guitare; près d'elle est un
peintre.

ROMYN (GUILLAUME VAN) et VYNTRANCK

84 — Repos d'animaux.

> En avant, un cours d'eau où se baignent des canards; plus loin,
> un gros arbre dépouillé de ses branches ; à gauche, un monticule
> où se reposent des animaux; fond avec montagnes.

ROSA DE TIVOLI

85 — Marché d'animaux, dans un paysage; soleil couchant.

DEL ROSSO

86 — Portrait de François Ier, de sa femme et de ses quatre
filles.

STAVEREN (Jean-Adrien Van)

87 — Deux Philosophes dans un cabinet.

Dans une pièce d'un effet Rembranesque sont deux savants qui discutent; l'un d'eux est assis devant une table et consulte un livre ouvert; à droite, à terre, une mappemonde et d'autres livres épars.

STOOP (Jean-Pierre)

87 *bis* Bataille.

Grande mêlée entre cavaliers dans un paysage montagneux; à gauche, à terre, un blessé; dans le fond, sur plusieurs points, d'autres groupes de cavaliers combattant.

TINTORETTO (Robusti)

88 — Portrait de Brassavola (Antoine), célèbre médecin florentin.

89 — Portrait d'homme.

TEMPEL (Abraham Van den)

89 *bis* Portrait en buste d'une dame hollandaise.

VASARI

90 — Un saint Personnage.

Il est assis, tenant à la main un manuscrit déployé; près de lui sont deux chérubins.

VICTOR (Jean

91 — Famille hollandaise à Java.

WATTEAU (Genre d'Antoine)

92 — Causerie dans un parc; deux personnages.

WETH (De)

93 — Le Temple du Veau d'or.

> Chrétien refusant de sacrifier au Veau d'or; à l'autel, le Grand-
> Prêtre; dans le temple, grand nombre de personnages.

ÉCOLE HOLLANDAISE

94 — Portrait en buste d'un gentilhomme.

ÉCOLE ITALIENNE

95 — Loth et ses Filles.

96 — Autre sujet tiré de l'histoire sainte.

97 — Sous ce numéro, les Tableaux non catalogués.

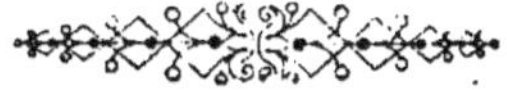

Renou et Maulde, Imprimeurs de la Compagnie des Commissaires-Priseurs,
rue de Rivoli, 144.   56875